L'aile du temps

Maurice Morel

L'aile du temps

Recueil

LE LYS BLEU
ÉDITIONS

ISBN : 979-10-377-6208-5

Introduction

Maurice Morel est né le 24 juillet 1955 dans une famille aisée à Arpajon. Il est le quatrième et dernier, d'une fratrie de 5 enfants. Son grand-père dont il porte le prénom et le nom était le *« Roi du Bout Dur »* (l'inventeur des chaussures de sécurité à coque rigide, décédé en 1972).

Maurice avec sa mère et son père (juillet 1955)

Dans sa famille, Maurice est choyé comme un prince, élevé avec la plus grande attention, habillé comme un roi. Tout destine cet enfant à être le plus heureux du monde, dans une maison où l'argent ne manque pas et où il est entouré de femmes qui s'occupent de lui : sa mère, sa grand-mère, son arrière-grand-mère, sa nourrice et les bonnes.

Mais un jour, tout bascule : sa mère quitte le foyer conjugal, son père épouse une marâtre qui n'aura de cesse de le martyriser…

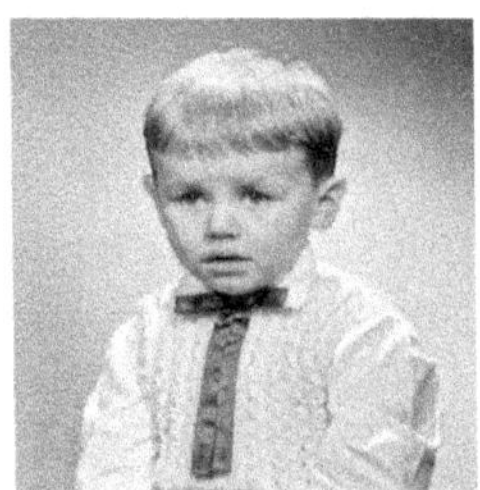

Maurice à 4 ans

Maurice se retrouve en échec à l'école d'Arpajon, on le mettra alors, dans une école chic à Paris, avec son oncle qui a son âge.

Maurice arrête l'école à Paris, cela va de mal en pis et il sera interné dans un hôpital psychiatrique. Sa mère réussit à le sortir de l'hôpital en cachette, dans le coffre de sa voiture et le conduit chez sa grand-mère qui ira d'hôtel en hôtel, pour ne pas être repérée car Maurice est recherché par la police. Un fou s'échappant de l'hôpital psychiatrique, c'est dangereux pour la population mais pas pour une grand-mère qui aime son petit-fils.

Toujours grâce à sa grand-mère maternelle qui demande de l'aide à sa cousine, directrice aux Archives Nationales de France, Maurice travaille à Paris dans cette administration. Mais il ne va pas y rester longtemps, marqué par son enfance, il est instable. Il quitte ce travail, se rapproche à nouveau de sa grand-mère et vit à Tarascon.

Cette si chère grand-mère décédera à Rennes le 28 novembre 1984. Sans ce soutien précieux, Maurice va plonger dans une dérive qui ne s'arrêtera pas.

Lorsque je le rencontre, bien des années après, dans le département du Var, il a beaucoup voyagé et au fil du temps, il s'est plus ou moins clochardisé…

Notre rencontre...

Le parcours de Maurice Morel est aussi étonnant que notre rencontre.

C'était en 1991, je travaillais alors dans un foyer d'hébergement d'urgence pour personnes sans domicile, *« Phanuel »,* au Luc-en-Provence dans le Var.

Un matin, en arrivant dans le foyer, je trouvai un cahier posé sur la table du salon. Je fus immédiatement touchée par la poésie que j'y découvris. Je demandai alors aux personnes présentes à qui appartenait ce cahier, et l'une d'elles me répondit : *« Ce doit être au fada qui a sauté par la fenêtre cette nuit... »*

Dès lors, ce *« fada »*, je n'ai cessé de le chercher.

J'entrepris de dactylographier son manuscrit, je contactai une bonne cinquantaine de *« Morel »* dans le var, sans résultat.

En 1997, je fis publier un article dans le journal de Nice Matin, en vain, pas la moindre trace du poète...

Dix années se sont ainsi écoulées.

Au début de l'année 2000, poussée par je ne sais quel instinct, j'ouvris de nouveau le cahier de Maurice et y trouvai une carte postale écrite par le président du football club d'Agay.

Ma démarche fut déterminée, j'envoyai un fax à ce football club, en leur demandant de me mettre en relation avec la personne qui en était présidente en 1991.

À mon grand étonnement, quelques jours plus tard, un homme très âgé m'appela, en me disant qu'il connaissait bien Maurice, avec lequel il était toujours en relation. Il me confia qu'il était lui-même auteur de poèmes (publiés) mais qu'il ignorait totalement que Maurice écrivait… Il ajouta : *« Je comprends mieux pourquoi Maurice a toujours conservé ce lien avec moi. »*

Cet homme m'expliqua que Maurice avait un pied-à-terre à Pontevès, dans le Haut Var.

C'était un cabanon, dans lequel il vivait dans une grande précarité, sans eau ni électricité. Mon interlocuteur ajouta : *« Si seulement vous pouviez l'aider… »*

Je n'arrivais pas à y croire, Maurice, que je pensais mort (on vieillit très vite sur la route) ou enfermé dans un asile psychiatrique, était non seulement bien vivant, mais il vivait à quelques kilomètres à peine de chez moi !

Le samedi 25 mars 2000, je rencontrai Maurice, devant l'église de Pontevès, où je lui remis le manuscrit que je conservais depuis dix ans.

Je découvris un homme très seul et peu sûr de lui, qui me confia : *« J'écris des poèmes depuis l'âge de 6 ans, j'en ai perdu beaucoup sur la route... »*

Je lui demandai s'il se souvenait de ses poésies : *« Le gravier », « Quelques flocons », « Certains jours »,* il me répondit que non, qu'il écrivait souvent dans des états seconds…

Nous nous sommes ensuite de nouveau perdus de vue une dizaine d'années durant, car Maurice avait quitté le Var.

Un beau jour, je me souvins qu'il m'envoyait parfois une carte postale de Saint Rémy de Provence.

J'écrivis alors au centre communal d'action sociale et on me répondit que Maurice vivait bien sur la commune depuis quelques années.

Je rencontrai Maurice pour la seconde fois le 24 août 2011.

Ses conditions de vie n'avaient pas changé, il vivait dans un autre cabanon, toujours sans eau ni électricité, mais la vie à Saint Rémy lui était plus facile qu'à Pontevès, car dans ce village, on l'acceptait…

Maurice devant son cabanon à Saint-Rémy-de Provence. (2013)

Maurice me confia un nouveau recueil de poésies mais m'avoua aussi qu'il n'écrivait plus de poèmes. Depuis quelque temps, il n'avait plus d'inspiration.

« L'Aile du Temps » rassemble les poésies de Maurice que j'ai pu réunir.

Maurice à Saint-Rémy de Provence. (2014)

« Je remercie chaleureusement Marie-Christine, la sœur de Maurice, pour son aide précieuse. »

Myriam Alderton, août 2014

La fontaine

La fontaine qui coule
Parfois là chichement
Me rappelle un instant
Un pigeon qui roucoule
Invasion de fourmis
À ce temps inconstant
Tel un triste cortège
Lorsque l'orage roule

J'attends ici tout seul
Que le mistral se lève
Un éclair dans le ciel
Nous donnerait la pluie
Au loin il fait si noir
Mais ce n'est que l'ennui
Qui tourne et tourne encore
Ainsi et puis sans trêve

Mais demain je le sais
Tout changera soudain
Le ciel nous reviendra
Aussi pur aussi bleu
Au bout de l'horizon
Après bien des rafales
Dans les pins et les houx
Chanteront les cigales !

Alors mon cœur chagrin
Se lavera de tout
Une brise gentille
Envahira le temps
Et pourrai repartir
Enfin heureux content
Vers tout ce que moi j'aime
Et qui ressemble à vous.

15 mai 1999

Aux ruines du château

Touristes égarés
Aux ruines du château
Et c'est presque l'été
Et c'est déjà trop tôt
La pierre est chaude et blanche
Que la brise caresse
Or le soleil se joue
D'un nuage en détresse

Quelques oiseaux pépient
Tout autour de ces pierres
Et moi je reste assis
Sur ce rocher qu'hier
Des tas d'intempéries
Ont fini par user
Je regarde et j'écoute
Tout près d'un amandier

Des parcelles de vignes
Et d'autres cultivées
Parsèment en bas la plaine
De tons verts dégradés
Là si loin la colline
Enserre la contrée
J'aimerais tant savoir
Du pays les secrets

Tous ceux qui dorment enfouis
Aux grimoires éteints
Du temps où existaient
Seigneurs, gueux et vilains
Hobereau désuet, fantôme du passé
Se souvient-elle la terre
Que ton pas a foulée ?

Le magnétisme est là
Quelque part dans l'esprit
Que semble animer
Des feux follets de vie
Tant ce vestige ancien
Qui domine le temps
Pourrait influencer
Nos idées, un instant…

Insomnie Pontoise[1]

Petit village du Haut Var
S'est endormi trop tard
De l'Abréguier là-bas en plaine
Quelques crapauds enamourés
Croassent entre eux une rengaine
En se disant que c'est l'été

Des alevins dans le ruisseau
Remontent en passant par Garbelle
Rousse est la lune et bien plus belle
Qui se reflète dans ces eaux
Des papillons de nuit s'effleurent
Et les corolles oublient les fleurs

Pour ces instants de vie nocturne
Quelques oiseaux peu taciturnes
Ont rendez-vous au Bessillon

---

[1] De PONTEVES

Et, de Rognette au Plan
L'eau murmure à ses ponts
Lorsque la femme et l'homme
Rêvent à l'unisson
Au fond de toiles claires
Et de tendresse en somme…

Chaque cycle et chaque heure
S'y écoulent pour eux
Réunissant des cœurs
Lointains ou bien heureux
Pontoises et puis Pontois
Dormez de ce sommeil
Demain il sera temps
D'allumer le soleil

Chacun là sous vos toits
Au milieu du silence
Parfois je m'imagine
Un peu votre présence

Et cette idée infime
Parfume mes instants
L'étincelle s'anime
Et la nuitée s'avance

La fontaine à sa place
Assis sur le parvis
De l'église presque en face
C'est ici que j'écris
Ces quelques mots pour vous
Comme une lettre ouverte
Qui vous ressemble un peu
Mais la rue est déserte

Au tout petit matin
Dimanche onze juin
C'est un peu de tendresse
Pour vous à Ponteves
Las, je vais remonter

Là-haut dans le silence
Afin de répéter :
Ponteves est en France
Mon théâtre insomniaque
A baissé le rideau
Aucune idée orgiaque
Ne serait un cadeau

Ces quatrains assemblés
Imbriqués l'un dans l'autre
Vont-ils me ressembler
Quand le jour reviendra ?
Je rentre pas à pas
Ce chemin est le vôtre
Me mettre dans les draps
Aux Corves, à Stella[2].

---

[2] *Nom donné par Maurice à son cabanon.*

Deux fleurs séchées

(À ma mère Lucienne Calemar)

Deux fleurs séchées sur une tombe
Voilà ce qu'il reste de toi
Pas même l'idée des humains
Que bien avant tu as lassés

Que leur importe ce passé
Sur la poussière de tes mains
Sous cette pierre est donc ton toit
Et il peut bien pleuvoir des bombes

Deux fleurs séchées aux cinq pétales
Là tout au fond du cimetière
Se désagrègent en plein hiver
Là où tu es il fait si froid

Que leur importe tous ces mots
Gravés ou pas sur une tombe
Des larmes du sang ou de l'encre
Il peut pleuvoir dans ta pauvre âme

Nulle idée nulle action des maux
À ces humains nantis incombent
Au port du néant est une ancre
Que tu jetas toi mère et femme.

Roquevaire[3] Arc en Ciel 1989

---

[3] *Village des Bouches-du-Rhône*

Faut-il

(À Dominique T)

Faut-il que ce fut la passion
Qui détourna ainsi ma route
Afin que s'installe le doute
En ces moments de déraison ?

Faut-il aussi qu'un souvenir
Installe ici cette gangrène
Au fond de l'âme qui me gêne
Et maintenant vous fera rire ?

Faut-il enfin se remémorer
Que ces endroits où nous vécûmes
Sont entourés de mer d'écume
Et qu'on ne peut s'en séparer ?

Faut-il au futur au présent
User ce temps ou ces vocables
Remettras-tu sur cette table
Toutes ces fleurs au Nouvel An ?

Le gravier

Il crisse sous tes pas
Mais tu ne l'entends pas
Sa provenance est sourde
Et de l'eau plein la gourde
Sous le soleil brûlant
S'amenuise le temps

Des hommes sont passés
Un instant arrêté
Ici au même endroit
Lorsqu'il faisait si froid
Étaient-ce enfin des hommes ?
Bien moins que toi en somme

Parfois quelques galets
Roulent là à tes pieds
La pierre semble muette
Alors là tu t'arrêtes
Tu regardes partout
Le paysage est flou

Tu aimerais savoir
Mais que te faut-il croire ?
Dans ce siècle surfait
Tout te semble parfait
Alors tu continues
Bien au-delà des rues

Les chemins se rejoignent
Et l'horizon s'éloigne
La lumière faiblit
Comme un peu de ta vie
Ces mots sur le papier
Sont autant de gravier…

Absence

Ne brise pas la glace
Ma mémoire au présent
A fixé pour toujours
Paysage géant
L'alchimie des secondes
A ton corps épanoui
Ton absence est pour moi
Une simple utopie
Tu m'arc-en-ciel encore
Et toujours je t'attends

Tu voulais un enfant,
L'as-tu, existe-t-il ?
Est-ce une idée, un leurre,
Une gageure, une île ?
Ou le fruit défendu
De l'union de ces jours
Qu'il vive ou non vers toi
Vers ton esprit j'accours

Un miracle est possible
Aux extrêmes du temps
Il existe des choses
Que personne n'entend
Elles nous entour ' ici
Ailleurs là-bas tous deux
Je le savais déjà
Rien qu'en croisant tes yeux.

L'aile du temps

Des chemins sinueux
Et des étés radieux
Voilà ce qu'il faut

Bien plus tard que l'amour
Cette tendresse énorme
Au plus haut de la forme

Et même quand le pain
A ce goût si amer
Le fils n'est pas le père

Il te faudra du temps
De la force et du cœur
Pour vivre dans ces heures…

Certains jours

Certains soirs des silences
M'appellent ici toi France
Je ne sais plus ma mie
Ni ton corps ni ses bruits

Certaines nuits je pense
À toutes nos errances
Or je dis c'est tant mieux
Sans amour sans tes yeux

Toute ton indécence
Me reste au fond de l'âme
Lorsque tes pleurs de femme
Abreuvaient nos instants

Ni voyeur ni obscène
La rosée de ton corps
Inondait les accords
De notre amour ma reine !

J'écrirai autre chose
Le comprends-tu ici ?
Tu as changé ma vie
Et ça cela t'amuse

Pourtant tu es ma muse
Tu ne sauras jamais
Combien je t'ai aimé
Mon lys mon cœur ma rose !

Si aujourd'hui j'arrose
Au seuil du désespoir
Dois-je vraiment le croire
Que tout n'était que ruse ?

Aussi séant moi j'ose
Ces mots qui n'ont plus rien
Qu'un écho bien trop loin
Pour toi de moi la cause.

D'attente

Les Bas-Deffends respirent
Les écureuils reviennent
Tout en bas dans la plaine
Le cri des oies s'épuise

Que les chiens qui aboient
En l'absence du maître
Exigent d'autres lois
Où l'humain saurait être

Cacher mon désespoir
Dans l'alcool ou l'ennui
Rassembler les morceaux
D'un puzzle blanc et noir

Les ressorts de ton cœur
Je les connais déjà
Il n'y aura plus d'heure
Lorsque tu seras là.

Quelques flocons

Quelques flocons plus une larme

Au souvenir de la saison
Quand tes cheveux volaient au vent
Dans les jardins du haut de Nice
Me voilà seul sans toi sans arme

Quelques flocons plus une larme

Une pensée dans la maison
Me rappelle un amour d'avant
Que le mistral ou non gémisse
Où que tu sois le mal me gagne

Quelques flocons plus une larme

Et puis l'absence qui s'immisce
Au seuil du temps de déraison
Qu'attends-je et suis-je bien vivant ?
Toi aussi loin, moi près d'Aubagne

Quelques flocons plus une larme

Les bûches' en l'âtre crépitant
Je t'imagine et me morfonds
Tels un tableau ou une esquisse
Figés dans un miroir sans charme

Quelques flocons plus une larme

Effacent un peu de ton image
Et s'il n'est plus aucun nuage
Encore moins à mon réveil
Ton corps baigné au grand soleil !

Quelques flocons plus une larme

Retombent coulent et puis se mêlent
L'instant si fort et éternel
Dans ce vécu indissociable
Protège-le c'est formidable !

Quelques flocons plus une larme

Femme et enfant puissante et douce
L'amour arrive à la rescousse
Le nôtre est fixé au meilleur
À l'impossible de ces heures.

Rêve éveillé

Tendre vers l'irréel
Tendre vers l'absolu
Chercher toujours devant
Même à perte de vue
Sans savoir que le but
N'est qu'une idée fragile
Que l'on possède en soi
À l'orée de ces villes
De béton et d'acier
Sur lesquelles il a plu

Maudire des instants
Où notre cœur surnage
Où l'encre s'est fait sang
Sur le papier carnage
Parce que c'est nous ou toi
Qui nous brisons ici
L'océan déchainé
Ressemble à nos deux vies

Alors qu'il faudra bien
Un jour tourner la page

Rêver de choses vraies
Et de saisons nouvelles
Toujours pour toi enfin
Parce que tu es si belle
Évanescente ou fière
Sensuelle alanguie
Amoureuse explosive
Au matin dans ce lit
Tous tes envoûtements
Là je me les rappelle

Conserver la magie
Dans la simplicité
La neige de l'hiver
Les halos de l'été
La promenade ensemble
Dans cette mi-octobre
Ce rayon de soleil
Sur ton buste et moi sobre
Et toi ne voulant pas
De ce bonheur figé
Quand je vivais vraiment
Dans ce rêve éveillé.

De grand soleil

De grand soleil en nuit trop froide
Ces aventures ces balades
Ne m'ont laissé qu'un avant-goût
De sentiments un peu trop flous

Je cherche en vain une âme un port
Un cœur vivant des mains un corps
Dans un sourire la tendresse
Et dans ses yeux une caresse

Où est-elle vraiment dans quels lieux ?
Dans quelle psyché fondent ses yeux ?
Va-t-elle enfin là m'apparaître ?
N'est-elle qu'un songe où peut-elle être ?

Est-elle mirage existe-t-elle ?
Est-elle fantasme aux tons pastel ?
Lointain passé ou futur proche ?
Est-elle la vague moi une roche ?

Saurais-je enfin où la trouver ?
L'ai-je aperçue l'ai-je rêvée ?
Tant je l'espère jour et nuit
Il faut qu'elle vienne dans ma vie.

À Marcel Querre

Sous la braise
Se consume parfois
Lorsque d'une étincelle
Rejaillit quelque joie
N'est-ce point de ces mots
Écrits un peu pour toi
Que se fige le temps
Que le chagrin se noie

Au lointain ton image
Se dessine vraiment
Quelle que soit la saison
L'heure ou bien le moment
Tu vis et tu respires
Je le sais je le sens
C'est cette idée enfin
Qui transforme mon sang

D'un extrême à un autre
On épuise les formes
Quand la réalité n'est pas
Que nos espoirs s'endorment
J'irai seul m'allonger
Là au pied de cet orme
À l'ombrage éternel
Évanescence énorme

Il ne me restera ainsi
Qu'un frais murmure
Comme un bruit de ruisseau
Qui coule et qui rassure
Même si la grisaille
Recouvre un peu l'azur

Certains me croiront fou
Si ce n'est de détresse
Un rayon de soleil
Darde sur Ponteves
Pour ça je n'oublie pas
Nos plus folles caresses
Et tes mains sur mon cœur
J'y repense sans cesse.

Il Est…

Il est des gens que j'aime
Mais tant de citations
Suffiraient-elles quand même
À exprimer ici
Lorsque les sentiments
Font bloc avec ma vie

Des instants que j'admire
Et puis des positions
Des êtres singuliers
Qui s'exposent parfois
Et puis tous ces humains
Qui disent avoir la foi

Des passantes charmantes
Qu'on ne reverra plus
Des amis des parents
Retournés en poussière
Et puis tout ce présent
Qui deviendra hier

Des amours trop usés
Des champs où il a plu
Et des choses brisées
Que parfois l'on conserve
Encore tous ces mots
Qu'ici moi je réserve.

Au café des Tilleuls

Il est un petit bar
Au centre de Privas
Dénommé *« Les Tilleuls »*
Ici je viens souvent

Il n'y a plus de gare
Dans la ville là-bas
Mais on n'y est jamais seul
Qu'il neige ou fasse vent

C'est Janine et Jeannot
Le patron est taxi
C'est toujours plein de vie
Et autant de bons mots

Ici sur la placette
Au café, l'on s'arrête
Car on n'est jamais seul

Au café des Tilleuls…

Silence Ô désert blanc

Des sapins enneigés
Silence Ô désert blanc !
Le temps s'est arrêté
Plus rien ne nous attend

Une légère brise
Se lève et puis s'en va
Du givre aux tuiles grises
Aux maisons le frimas

Volutes de fumée
Se fondent dans le ciel
Au ras des cheminées
S'évapore le gel

Nulle âme ne parait
Et je marche au néant
Le temps s'est arrêté
Silence Ô désert blanc !

Privas, vendredi 12 janvier 2001

Migrations

Ces oiseaux de passage
Laissent au paysage
Une trace éphémère
Dans ce ciel outre-mer

Il faudra bien du temps
Des nuages et du vent
Pour effacer l'idée
De leur ombre au passé

Pourquoi chercher toujours
Bien plus haut ou ailleurs
Ce qu'on a dans le cœur
Trop léger ou trop lourd ?

Stella[4]

Tirer des plans sur la comète
Imaginer la nouveauté
Revoir s'ouvrir les pâquerettes
Attendre que vienne l'été

De fine averse en mistral fou
Le temps se moque un peu de nous
Chaleur brûlante hiver glacial
L'esprit s'aiguise et se régale !

Aux alentours du Bessillon
Existe un petit cabanon
Au bout du sentier dit des Corves
Au charme étrange d'un sous-bois torve

Décrire écrire ou bien le peindre
Serait-ce ardu serait-ce aisé ?
Ou plus encore pourrait-on feindre
Sans l'avoir vu dans le passé

---

[4] *Nom donné par Maurice à son cabanon.*

Les pins les chênes et puis le houx
Se mêlent au thym et aux genêts
Des écureuils parfois y jouent
Lorsqu'au matin le jour renaît.

Prière ou petit poème macabre

Des choses dont on rit
Toi mon morceau de pain
Mon vin jusqu'à la lie
Ma moitié de destin

Mon idée qui me hante
Mon chagrin que j'invente
Toi mon éternité
Toute ma vérité

Mon espoir mon insulte
Ma vierge et puis ma pute
Mon hier mon présent
Mon futur haletant

Devant ce puits sans fond
Où parfois se morfond
La tristesse ou l'ennui
Bretonnisant la pluie

Asséchant mon gosier
Écorchant mes deux pieds
Et quel qu'en soit le sort
M'entraine vers la mort

C'est notre lot à tous
Ne vienne à la rescousse
Que celui l'on nomme
Son image est un homme
Que l'on a oublié

Qu'il vous ait en pitié
Et qu'à moi il pardonne
Lorsque je déraisonne.

Souvenirs

La lune a dépassé
À l'instar des marées
Ces temps de dérision
Le progrès les passions

L'espérance éthérée
S'évapore en nos âmes
S'il me reste une flamme
C'est bien d'avoir aimé

Aussi fort que j'ai pu
Femmes, fleurs et puis rues
De villes en cités
De lieux dits en vallées

Très souvent parcourues
Qu'il neige ou qu'il ait plu
J'en remercie le ciel
Et ces femmes si belles

Qu'hier j'ai tant souhaité.

À toi

Parfois le jour se lève
sur des idées fantasques
Parce qu'en cette vie
Nous portons tous un masque
Qu'il faut se protéger
Constamment des rancunes
Des peurs des jalousies
D'autrui et des lacunes

Nous aimerions pourtant
Que ce monde stupide
Ôte de son faciès
Les affres insipides
Qui nous font oublier
Les charmes la nature
Des choses véritables
À cause des ratures

Alors sur le chemin
Nous partons vers l'ailleurs
Évitant les embûches
Étouffant quelques pleurs
D'un sentiment usé
Que l'on ne veut plus vivre
En de fausses vertus
On se vautre et s'enivre

Un beau jour fatigués
Nous posons le bagage
Pour un clair paysage
Ou pour un frais bocage.

Mardi 31 décembre 1991

Promenades

Moi qui vous ai tant aimé
Bourgs villes et vallées
Lieux-dits et puis montagnes
Du plat pays si gris
Jusqu'au fond de Bretagne

Du Haut Doubs aux sapins
Léchant les sols vallonnés
De la Suisse à l'Espagne
De l'Orbe et du Valais
À l'antique Provence

Moi qui vous aime tant,
Au travers des sentiers
De vos rues vos chemins
Et de vertes contrées
Que j'ai tant parcourues
Jusqu'à m'en imprégner
Je vous laisse mon cœur

Lorsque le jour s'achève
Blottis dans vos chaumières
Autour des cheminées
S'installe enfin la trêve
Crépite alors dans l'âtre
Quelques bûches léchées
De la simple amitié.

Mardi 1er février 2000

Les gens que j'aime

Ce sont des gens que j'aime
Qui s'en vont bien plus loin
Et plus loin que mon cœur
Il n'y a non, plus rien !

Ce sont ces gens que j'aime
Qui ne comprennent pas
Qu'un pas n'est pas un pas
Lorsque jamais l'on sème !

Lorsque la vie essaime
La poussière du temps
De ces mots que j'attends
À ces voix dans le vent…

L’éloignement

Des instants de bonheur
Sont fixés à jamais
Par ce jour en nos cœurs
En ce mois de juillet

Il suffit que parfois
Au détour d’un chemin
Se révèle une voie
Lorsque s’ouvrent nos mains

Le temps a beau marquer
Sur nos fronts une ride
Vous allez me manquer
La maison sera vide

Les saisons passeront
Malgré l’éloignement
Les beaux jours reviendront
Déjà, je les attends !

Alors si par hasard
Quelque mélancolie
M'envahit là ce soir
C'est un peu ça la vie

Je garde vos sourires
En ces instants précieux
Dans l'éther qui s'étire
Des larmes au bord des yeux

C'est ainsi qu'on apprend
Des choses simples et vraies
Quand l'horizon s'étend
Jusqu'au bout d'un secret…

Le rêve s'est éteint

Pour quelques souvenirs
Ton cœur et puis ton rire
Nos balades sans fin
L'amour jusqu'à plus faim

Dans le soleil d'octobre
Toi grisée et moi sobre
Mais fous de sentiments
De ton corps un moment

Et puis cette cassure
Qui aujourd'hui me dure
Le fruit de notre union
Ma lionne en Avignon

J'aimerais bien savoir
Tout ce que mes déboires
Auraient pu t'apporter
Au seuil d'un autre été

Alors j'écris un peu
Et repense à nos jeux
Comme si ton miroir
Reflétait là l'histoire

D'une fausse illusion
À laquelle se raccrochent
Des bribes de bonheur
Lorsque s'arrête l'heure
Serions-nous là plus proches ?

Tant pis pour moi ce soir
Tant mieux pour eux demain
Le rêve s'est éteint
Ailleurs et dans le noir.

J'étais parti

J'étais parti pour rien

Comme à mon habitude
Vers ce Paris lointain
Fait de ces certitudes
Que l'on a tout enfant
Et qu'on garde toujours
Au fond de quelque cour
Comme un jouet d'avant

J'étais parti là-bas

Empruntant d'autres routes
Effaçant pas à pas
Et la peur et le doute
L'idée était précise
Mais le temps nous renvoie
Ce que l'on exorcise
Quand se brisent les voix

J'étais parti encore

Car tu n'étais plus là
Puis je suis revenu
Le cœur et l'âme nus
Tu m'attendais ici
Sans bruit sans heurt sans cri
Pourquoi chercher toujours ?
Ce que l'on a chez soi
Il n'est de pire sourd
Enfin je t'aperçois !

Le vieux couteau rouillé

Le vieux couteau rouillé
Est sorti de la terre
Pour saigner un cochon
Et comme un cimeterre
Décolleter d'un coup
L'engeance pourriture
Que je connais si bien
Et dont moi, je n'ai cure !

Le vieux couteau rouillé
Je vais là m'en servir
Je vais là l'aiguiser
Point trop ne faut en rire
Tuer n'est pas en soi
Enfin la vocation
Mais le but est précis
Lorsque naît la raison

Le vieux couteau rouillé
Va faire son office
Et par ma main armée
Plonger au sacrifice
L'instant me suffira
Les idées sont propices
Tant mieux tant pis pour ça
En plein cœur du problème
J'irai assassiner
Celle que pourtant j'aime.

Pour toi

Je t'écrirai des mots
Qui ne veulent rien dire
J'étoufferai tes pleurs
Tout au fond de nos rires
Et je ferai de toi
Mon unique princesse
Afin qu'à tout jamais
Ce bel amour ne cesse

J'irai cueillir des fleurs
Aux lieux inaccessibles
J'effacerai pour toi
La poussière des bibles
Allumerai des feux
Qui ne s'éteindront pas
Et mon cœur dans ton cœur
Et mes pas dans tes pas

J'inventerai pour toi
Un tout autre univers
Fait de bleu et puis d'or
De platine et de vert
Remodelé sans cesse
Pour ton corps et tes yeux
J'effacerai le faux
Le mauvais et l'hideux

Je t'ouvrirai les flammes
Sur une éternité
Pour que toujours pour toi
Ce soit un seul été
Rayonnant de soleil
De sentiments réels
Puisque tu es pour moi
Mon amour, la plus belle !

Alyzé, samedi 25 juin 2005 – extrait du cahier « La nuit de tous les dangers »

Table des matières

Imprimé en France
Achevé d'imprimer en mai 2022
Dépôt légal : mai 2022

Pour

Le Lys Bleu Éditions
40, rue du Louvre
75001 Paris

www.ingramcontent.com/pod-product-compliance
Lightning Source LLC
LaVergne TN
LVHW050337160826
845677LV00014B/3648